Ce cahier d' écriture
appartient à :

Comment utiliser ce livre?

1. Commence par une image que tu aimes. Choisis celle qui te plait et qui t'inspire.

2. Regarde l'image attentivement.

3. Regarde les personnages de l'image.

4. Que se passe t-il ?

5. Où se déroule la scène? À l'extérieur? À l'intérieur?

6. Réponds à ces questions et remplis les encadrés.

7. Écris ta propre histoire en lien avec l'image.

8. Colorie l'image.

Amuse-toi et laisse libre cours à ton imagination!

Qui sont les personnages? Que font-ils ?

Où l'histoire peut-elle se dérouler?

Ecris une histoire à propos de ce papa dinosaure et son petit...

Qui est le personnage? Que fait-il?

Où l'histoire peut-elle se dérouler?

Ecris une histoire à propos de cet ours sur sa moto...

Qui sont les personnages? Que font-ils ?

Où l'histoire peut-elle se dérouler?

Ecris une histoire à propos de ce cow-boy à cheval et cette chouette...

Qui est le personnage? Que fait-il ?

Où l'histoire peut-elle se dérouler?

Ecris une histoire à propos de cet aventurier?

Qui est le personnage? Que fait-il ?

Où l'histoire peut-elle se dérouler?

Ecris une histoire à propos de ce marin...

Qui est le personnage? Que fait-il ?

Où l'histoire peut-elle se dérouler?

Ecris une histoire à propos de ce pompier...

Qui est le personnage? Que fait-il ?

Où l'histoire peut-elle se dérouler?

Ecris une histoire à propos de cet ours en parachute...

Qui sont les personnages? Que font-ils ?

Où l'histoire peut-elle se dérouler?

Ecris une histoire à propos de ces
2 dinosaures...

Qui sont les personnages? Que font-ils ?

Où l'histoire peut-elle se dérouler?

Ecris une histoire à propos de ces enfants...

Qui sont les personnages? Que font-ils ?

Où l'histoire peut-elle se dérouler?

Ecris une histoire à propos de ces animaux...

Qui est le personnage? Que fait-il ?

Yummy..

Où l'histoire peut-elle se dérouler?

Ecris une histoire à propos de ce petit indien...

Qui sont les personnages? Que font-ils ?

PaPa!!

Où l'histoire peut-elle se dérouler?

Ecris une histoire à propos de ce dinosaure et son bébé...

Qui est le personnage? Que fait-il ?

Où l'histoire peut-elle se dérouler?

Ecris une histoire à propos de ce petit écrivain...

Qui est le personnage? Que fait-il ?

Où l'histoire peut-elle se dérouler?

Ecris une histoire à propos de ce petit garçon...

Qui sont les personnages? Que font-ils ?

Où l'histoire peut-elle se dérouler?

Ecris une histoire à propos de cette vétérinaire
et ce chat...

Qui sont les personnages? Que font-ils ?

Où l'histoire peut-elle se dérouler?

Ecris une histoire à propos de ces deux enfants...

Qui sont les personnages? Que font-ils ?

Où l'histoire peut-elle se dérouler?

Ecris une histoire à propos de ces deux personnes en scooter..

Qui sont les personnages? Que font-ils ?

Où l'histoire peut-elle se dérouler?

Ecris une histoire à propos de ces deux fermiers...

Qui sont les personnages? Que font-ils ?

Où l'histoire peut-elle se dérouler?

Ecris une histoire à propos de cet ours à vélo...

Qui est le personnage? Que fait-il ?

Où l'histoire peut-elle se dérouler?

Ecris une histoire à propos de ce policier...

www.ingramcontent.com/pod-product-compliance
Lightning Source LLC
Chambersburg PA
CBHW081400160726
48000CB00010B/3417